禅に学ぶ 人生の知恵

澤木興道名言集

Kodo Sawaki

Discover
ディスカヴァー

はじめに

「坐禅しても、なにもならない」。

日本を代表する禅僧・澤木興道老師は言います。少しショッキングに聞こえますが、これこそが彼の生き方を示す言葉であり、禅の本質ともいえます。

私たちは日々、常に最大限の結果を求められています。「この行為は役に立つのか」「この時間は無駄ではないのか」「こんなことして意味があるのか」。生産性を追求しすぎると、心と体が悲鳴を上げることになります。

本書で取り上げた澤木興道老師の言葉がスカッと爽快に私たちの心に入ってくるのは、そのような行きすぎたマインドを人間本来の素朴でいきいきしたあり方へと引き戻してくれるからです。

一見、乱暴にも思える澤木老師の言葉の数々ですが、その底流には人間への絶対的な信頬が脈打っています。

人は裸で生まれてきて、裸で宇宙へと還っていきます。ところが人はほんの束の間の人生で何かを所有しているかのような錯覚に陥ります。お金、地位、名誉、そして愛する人たち。しかし、それらは決して自分のものではありません。

禅の言葉ではこれを「本来無一物《ほんらいむいちもつ》」といいます。それでも私たちは生きている。人間が本来授かっている崇高さそのものを澤木老師は讃美しているのです。

何はなくても、人間はどっこい生きている。自分の尊厳を敬い、人生の真ん中の道を、胸を張って歩いて行こう。澤木老師はそういっているのでしょう。

また、澤木老師は「いま」にこだわった人でもあります。いま、この時、一瞬一瞬をがしっとわしづかみにして、取りこぼさない。人の心はいつも過去と未来をさまよっています。「あのときはこうだった」とか「もしああなったらどうしよう」など、常に過去か未来のことを憂えています。

しかし、いのちとは実は現在にしか存在しません。その大切な「いま」を過去や未来のことでやきもきして終わるのは不幸なことです。瞬間瞬間に宿る生命の輝きを見落とさずにいつくしめ、と澤木老師は、私たちにハッパをかけてきます。ぶっきらぼうですが、迫力のある言葉が、わたしたちに忘れていた「いま」を呼び起こしてくれます。ほら、見よ、いまを見よ、と。

澤木老師は自分の寺を持ちませんでした。生涯独身で、各地の道場を転々と移動して、坐禅を広めていきました。人は彼を「宿無し興道」と呼び、親しみました。

彼は「わたしは坐禅をするために生まれてきた」と言い切ります。「只管打坐《しかんたざ》」という坐禅の手法は、何も求めず、ただ心地よく坐るというスタイルです。

昨今、さまざまな瞑想法が世間を賑わせていますが、彼の坐禅には、メソッドもレベルも階級もない、ひたすら心を安らかにして坐るというシンプルなものです。姿勢がどうこう、呼吸がどうこう、呪文やイメージがどうこう、などわずらわしい「技術」はありません。そのあり方が彼のいきいきと自由自在な言葉を生み、私たちの心を解放してくれるのです。

澤木興道老師は一八八〇年、三重県津市の出身。決して裕福とはいえない家庭で過ごし、一八九七年に永平寺に入り、一八九九年に出家しました。のちに駒澤大学特任教授職にも就き、後進に坐禅を広めました。

一九六五年に亡くなりましたが、そのシンプルで清々しい彼の教えは、米国のスタンフォード大学にある曹洞禅センターにも受け継がれました。禅を愛するかのスティーブ・ジョブズ（アップル創業者）も間接的に影響を受けています。

明治から昭和へと激動の時代をひたすら坐ることで、人々を「気づき」と「安寧」に導いた、澤木興道老師のしなやかで悠々とした言葉をお楽しみください。

ディスカヴァー編集部

もくじ

禅に学ぶ人生の知恵

はじめに――001

第一章 「今」がすべてだ

「今」がすべてだ――020
今、この瞬間だけが本当だ――021
道は現在にある――022
永遠の今に生きる――023
過去も未来もいわず今を生きよ――024
人間は過去に生きている――025

今日をお留守にするな――026
今日のことは今日価値がある――027
先を考えるから苦しい――028
今、すべきことがある――029
文句をいわずに自分のすることをすればよい――030
何もかも「ただ」する――031
ただもらえ、ただやれ――032
本当にしなければならない努力をせよ――033
ただ働け――034
自分の役割につけば自己を見失わない――035
ただせねばならぬことをしているだけだ――036
道徳とは、能力を最善に発揮すること――037
忙しい人と暇な人――038
一歩進めばそれだけの成果はある――039
人の迷惑にならない――040
人の邪魔になるな――041
なんにもならないことに価値がある――042

第二章 「自分」になりきる

「自分」を生きよ ―― 044
自分の価値を信じる ―― 045
人のまねばかり ―― 046
自分を一生求めて進め ―― 047
自分自身になりきれば幸福 ―― 048
自分を大地に落ち着ける ―― 049
自己を冒瀆してはいけない ―― 050
それ自身になり切る ―― 051
おれがおれ、お前がお前 ―― 052
とにかく自分 ―― 053
どっちに転んでも自分になればよい ―― 054
自分が自分になったらよい ―― 055
貧乏なら貧乏になりきれ ―― 056
自分はたまねぎの皮 ―― 057
なり切れば成仏がある ―― 058

自分が自分になりきることだ——059
月給一万円も仏、五万円も仏——060
われはこの身このままで仏——061
仏は自己の内にある——062
仕事をするときは仕事になりきれ——063
本物の自己か他人が評価した自己か——064
勝ち負け以前に本当の自己がある——065
人の言ったことを覚えるより自分が勝手に喋るほうがいい——066
人の真似をするな——067
お釈迦さんのまねをしてはならぬ——068

第三章

執着を離れる

自己中心なのは人間だけ——070
自分のことばかり考えるな——071
どれだけよいことをしても、自分のためなら何にもならない——072

己れを抜きにすれば解決しない問題はない――073
自分で呼吸しているのではない――074
自分のあることを忘れよ――075
透明になれ――076
自分に捉われなければ世の中は気楽なものだ――077
火の用心より自分の用心――078
この身体は夢だ――079
妄想があるから曇って見える――080
仏も妄想――081
みなこれ妄想――082
なんにもない――083
無心で施せ――084
必然に対して抵抗しない――085
競争にとらわれるな――086
得より損を取れ――087
何の執着もないとき安寧がある――088
何をしても汚れを逃れられない――089
浮世のことに騙されるな――090

一生居候 ―― 091
自由自在でなければならない ―― 092
我執がなければ平気でいられる ―― 093
人間は一生鬼ごっこをしている ―― 094
もらう方には限りがない ―― 095
安心とは足ることを知ること ―― 096
欲の深い者に勇気はない ―― 097
欲望という色眼鏡をかけている ―― 098
金なんぞ人に持たせておけばよい ―― 099
黄金は宝ではなく毒蛇だ ―― 100
欲しがらないのも布施 ―― 101
心を施すのも布施 ―― 102
盗まない ―― 103
親の借金を払う ―― 104
功利的なことは嘘ばかりだ ―― 105
食わずに死ぬ覚悟があるか ―― 106

第四章 人間は大したことはない

人間は大したことはない ―― 108
正味で、裸でつきあう ―― 109
偉くなったのは人間界の屑ばかり ―― 110
外側へ出すな、内側へ戻せ ―― 111
人間の損得をいうのには嘘が多い ―― 112
人間以下になることばかり一生懸命やっている ―― 113
人は言葉だけで一生を終わってしまう ―― 114
理屈では駄目だ ―― 115
なめなければ砂糖の味はわからない ―― 116
理智に重きを置きすぎる ―― 117
人間の一生はなんにでもなれる ―― 118
人間は露と同じ ―― 119
悲しくないことを悲しみ、喜ぶべきことを喜ばない ―― 120
人間の世界は夢みたいなもの ―― 121
文明が発達しても人間の本質は変わらない ―― 122

永遠に死なない人間にする――123
死んだらなんにもなくなる――124
この世界を棺桶の中から見る――125
貧乏すなわち金持ち、悪人すなわち善人――126
好きがなければ嫌いはない――127
教育も政治もつくり物――128
世の中は芝居の舞台――129
世界は自分を映す鏡――130
憎らしい顔を見たら自分が憎らしい顔をしていると思え――131
こっちが悪いことをすれば向こうも悪いことをする――132

第五章　小さなことにくよくよするな

人が見ていないところで善人なのが本当の善人――134
だれも見ていないところで立派な態度をとれ――135
人類を背負って立っているという意気込みを持て――136

気持ちよく負けろ ―― 137
体と心はひとつ ―― 138
一生の大事を摑め ―― 139
いかなる場合もうろたえるな ―― 140
人事を尽くせ ―― 141
追っかけもしなければ逃げもしない ―― 142
馬鹿にならず神経衰弱にならず ―― 143
肝を据えるのと面の皮が厚いのとは違う ―― 144
災難がきたら、鍛錬のしどころ ―― 145
ぐずぐずいうな ―― 146
非オッチョコでなければならん ―― 147
まっとうに、後ろ暗いことのない人 ―― 148
わたしを責める者がなければ堕落してしまう ―― 149
褒められるよりはそしられたい ―― 150
自分をバカにしてはいけない ―― 151
自分を誇ったところでたいしたことはない ―― 152
良いことをしているという者に良い者はない ―― 153
物事は見方ひとつ ―― 154

何が起こってもビクともしない心を持て ―― 155
技で勝つより人格で負けるな ―― 156

第六章 自分の考えにとらわれない

善悪の判断が変わっても何も不思議はない ―― 158
善も悪も何でもない ―― 159
負けても完全、勝っても完全 ―― 160
不完全に価値がある ―― 161
考えでできたものは考えで壊れる ―― 162
地獄へ行ったら行ったでよい ―― 163
見た通り、聞いた通り ―― 164
雨が降るのにいいも悪いもない ―― 165
お前だけの話 ―― 166
暑いときは暑い ―― 167
見込みを立てたら文句が絶えないのが当たり前 ―― 168

問題は解決する――169
大騒ぎするな――170
過去、現在、未来、何もない――171
過去、現在、未来、めでたいことばかり――172
幸福は自分の幸福や不幸で測れるものではない――173
世間の幸福は幸福に似ているだけ――174
幸福だから不幸という道理もある――175
昨日は幸福、今日は不幸――176
追わず、逃げず、じっとしているのが幸福――177
根本から変わらなければ幸いとはいえない――178

第七章 死ぬのは当たり前

生きられるだけ生きろ――180
人の邪魔にならないよう生きていればいい――181
生まれて来て何をしたか――182

生まれたくせに死ぬまいとする——183
死があるからまた生まれて働ける——184
死ぬのは当たり前。大したことはない——185
死ぬのはただ——186
死ぬのは喜ぶべきこと——187
死ぬときが来ているのに死ぬまいとするほどみじめな話はない——188
死ぬときには世間体もくそもない——189
死ぬのまでうまくやろうとするな——190
宇宙から見れば何もかも小さい——191
自分は万物と一体だ——192
全宇宙とスイッチをつける——193
自分を宇宙から切り離すな——194
宇宙は二度と繰り返さない——195
毎日初対面——196
いつもめでたい——197
一切の世界を打ち立てる——198

第八章

悟ろうとするな、ただ坐れ

何のためでもなく、ただ坐れ――200
坐禅をするとつまらないことも思い出す――201
頭の中を忙しくするな――202
禅は「わかる」ものではなく「する」ものだ――203
禅は自分だけのもの――204
坐禅をしている間は身体中が坐禅――205
人生の修行に取りかかるのに悪い日などはない――206
絶対にめでたい、それが悟り――207
悟ったといいながら迷っている――208
「おれは悟った」は鼻持ちならない――209
悟りは知識ではない――210
悟っていることを知っているのは悟っていないことだ――211
頭で悟って足がお留守――212
自分で考えれば間違える――213
そこに宗教がなければならん――214

坐禅をしに生まれてきた——215
金も命もいらぬ——216
命がけでは負けたことがない——217
おれの欲しがるものだけを欲しがる——218
辛抱は同じ——219
不自由でもあり不自由でもない——220
道のためなら怒る——221
おれの生活はどっしりしている——222

出典——223

第一章

「今」がすべてだ

「今」がすべてだ

今！　今！　今！　一生が今の連続である。

明日のことは、今日わからない。われわれには現在の瞬間ぎりのことしか確かなことはわからない。つまり今だけが本当だとおもっておればよい。

道は現在にある

いまに見ておれ——、いまに成功したら——というて未来に憧れている。なにやらわからぬが偉いものになるつもりである。また年寄りは年寄りでもう見込みがないから、おれの若い時はそんなものじゃなかった、あもしたこうもしたという。

それならいまはどうなのじゃといえば、いまはもう駄目じゃという。いまは駄目じゃというようなのはつまらない。

つまり現在でないことをいうているのは非丈夫である。

道は現在になければならぬ。

芭蕉の臨終に、ある人が「どうかご辞世を」といったところが、翁は「わしの句はみんな辞世だ」といった話がある。これくらい、徹底しておればよい。いつも辞世の句であった。いつも徹底していたのである。すなわち前後際断[*]して永遠の今に生きていたのである。

* 現在と過去・未来を切り離して

過去も未来もいわず今を生きよ

今日を空虚にして過去のことばかりいっているものは、過去の亡霊だ。
未来未来といっているやつは未来のまぼろしだ。
わたしどもはいつでもピチピチして、思い切り充実して生きねばならぬ。

人間は過去に生きている

人間のアタマというものには、一生古いやつが残っている。去年に生きる。過去に生きる。若い時にべっぴんであった。八十になったら、べっぴんもくそもない。昔は金持であった。今はド貧乏。小学校を一番で卒業した。今はカボチャみたいに、中風で壊れかけている——。

去年のことをいうより来年のことをいう方がいいのか知らんが、いずれにしても負け惜しみだ。今日がお留守になっている。

今日のことは今日価値がある

昨日は昨日、今日は今日で変化がなければ駄目だ。

今日のことは今日価値があるのである。昨日はうまかったが、今日もうまいとは限らない。

今日は酒がでても、よっぱらわないように努力する。

今日は女に好かれても、それにとろけないように用心する。

人間というやつはおかしなことを考えるもので、そのままずっとゆけば何のこともないのだが、それから先を考える。

自分には自分のすべきことがある。
今日は今日のすべきことがある。
今は今のすべきことがある。

文句をいわずに自分のすることをすればよい

こうすればこれだけになるとか、ぼくはこれだけのことをしておるのに、上司のやつは一向に目が見えんとかなんとか、文句なしに自分のすることをしたらそれでよいじゃないか。

とにかく「ただ」する。坐禅ばかりでない。
何もかも「ただ」する。

もろうたときには、ただ黙ってもろうておいたらよいじゃないか。やるものなら、ただやったらよいじゃないか。もらうためにやる、だから世の中がけたくそ悪くなってしまう。

本当にしなければならない努力をせよ

本当にせねばならんことに努力しておるか。
せんでもいいことに努力しておるか。

ただ働く。

ただ働くということほど愉快なことはないんじゃ。

どうかしてただ働いて、食わんで死んでやろうと思ってガン張っておるけれども、わたしらまだ生きておる。

一生懸命がけでただ働く。

自分の役割につけば自己を見失わない

飯を炊く、あるいは鍋をこそぐ。あるいは野菜を切る。あるいはその食い役であればその食い役、めいめいの自分の持ち場、持ち場について自己を見失わない。

ただせねばならぬことをしているだけだ

わたしのところに「あんたは一切衆生《いっさいしゅじょう》*を救済するつもりで活動してござるか」というてきた人があるが、わたしは、ただまっすぐにせねばならぬことをしているだけで、救済になるかならぬかは人が勝手にあとから名づけることである。

* 仲間や人類

道徳とは、能力を最善に発揮すること

道徳というものは、人間の能力を悪用しないということ、人間の能力を最善に発揮することである。

人間の能力を最上に発揮するということが、仏様と一緒になり、神様と一緒になることである。

日の短い人と、日の長い人とがある。

忙しい忙しいと年中いっている人は、その忙しい一年を回顧する時、その一年の内容は実に豊富である。

これに反して、暇で欠伸ばかりしている人の一年は、まったく無内容である。

一歩ふみだせば一歩高く、
二歩進めば二歩だけ限界が開け、
三歩進めば三歩だけ道の曲折が明らかになる。

人の迷惑にならないことだけでも
非常に大きな仕事である。

人の邪魔になるな

掃除する身になって小便しなければならぬ。
咳払いひとつでもクサミひとつでも、心して
人のさまたげにならないようにせねばならぬ。

なんにもならないことに価値がある

わたしらなるたけなんにもならんことに一つ骨を折ろうと思って、なんにもならんことばかりをやっている。

なんにもならんほど、これは網がおおきい。

なんぞなったときは、これは小さなものだ。

なんにもならんということは、途方もないことだ。

第二章

「自分」になりきる

おれは他人の鼻を借りて息をしておらん。
おれはおれの鼻で息をしているんだ。

わたしはだれにも遠慮ない。
たとい西郷さんと並んでも、政治家や軍人で
は向こうが上じゃが、坊主じゃおれが上じゃ。

人のまねばかり

人が笑うから笑う。人が泣くから泣く。人が食うておるから食う。人が喜ぶから喜ぶ。自分がほんとうに嬉しいんではない。自分がほんとうに悲しいんでもない。

自分というものを既成させない、堕落させない、大人にさせない、一生求めて進んでゆく。

自分自身になりきれば幸福

自分自身になりきって、自分の生活がどう変化しようが自分を見失わない、自分を取失わない、何処にも全自己をあらわにしてゆく。

これでこそはじめて一切の錯覚、一切の妄想をやめて、どう変化しようとも、たとえいまここで食わずに死んでも、人間の最上最高最後の幸福を取失わぬ。

どっしりと、
自分というものを強く大地に落ち着ける。

自己を冒瀆してはいけない

何が運が悪いといっても、
何が可哀想といっても、
自己を冒瀆する物以上のものはあるまい。

自分になり切る。わたしがわたしになり切る。あなたがあなたになり切る。山が山になり切る。茶碗が茶碗になり切る。一切の物がそれ自身になり切る。

おれがおれ、お前がお前

お菜がお菜ぎり、飯が飯ぎり、でる息はでる
息ぎり、引く息は引く息ぎり、おれがおれ、
お前がお前。

自分に自分を自分で自分する。

どっちに転んでも自分になればよい

「ゆく先にわが家ありけりかたつむり」である。どっちに転んでもよい。要するに本当の自分になる、本当の自分をつかむのである。

自分が自分になったらよい

自分が自分になったらよいのである。澤木が澤木さんになることである。澤木がお釈迦さんの面をつけたらおかしなものである。澤木が一歩もゆずらぬ、釈迦にも弥勒にもゆずることはできない。この澤木店は観音、釈迦でもできぬという澤木店でなければならん。他人の真似ばかりしないで、自分さえ発揮すればよい。

金持が貧乏になるとよく煩悶する。
貧乏になったら貧乏になりきったらよい。
むかし金持だったということが胸にあっては
駄目である。

自分はたまねぎの皮

自分というものは、まるでたまねぎの皮をむくようなもので、一皮むいたら中から身がでるかと思うと、また中に皮がある。二皮むいても皮がある。三皮むいても皮がある。

なり切れば成仏がある

坊主が坊主になり、職人が職人になり切ることである。なり切りさえすればどこにでも成仏はある。なり切れなければどこにも迷いがある。なり切れなければ総理大臣になっても迷うている。

自分が自分になりきることだ

いつも現在をつかまえてなければいけない。いつも自分をつかまなければいけない。金輪際現在である。

永遠の今というが、要するに、自分が自分になりきることである。それが成仏ということである。

ゆきつくところまでゆきついた境涯を持っておかなければならん。

娘は娘になりきり、小僧は小僧に、和尚は和尚になりきるのである。

月給一万円も仏、五万円も仏

おれは月給を一万円しかとらぬ、つまらぬと思っている。

一万円は一万円のまま仏である。一万円の如来なのである。仏教では五万円取るのが偉いので、一万円取るのが偉くないということを教えはしない。

一万円は一万円、三万円は三万円、その身そのまま、日給千円は千円、五百円は五百円、その身そのまま、年俸十万円は十万円その身そのまま、それがそっくり仏だというのである。

われは、この身このまま、これで仏なのであるけれども、それを、おれは仏ではないといって自己を冒瀆していくのである。

仏は自己の内にある

悟りということは、自己を悟るのである。いさめるのは自己をいさめるのである。

求めるのは自己を求めるのである。

ところが、それがわからないで、どこじゃどこじゃと遠いところばかり探し歩いている。

いくら探しても向こうにあるはずはない。どこまでいっても仏はない。

月給のために仕事をするのじゃない。
仕事の時は全仕事で、仕事になりきること。仕事の
ための仕事である。
そうすれば、こんなに働いたのに、こんな月給じゃ
馬鹿らしいという不平の起こるはずもない。

本物の自己か他人が評価した自己か

自己という話なら現代人は得意である。何かにつけて自己を振り回したがる。しかしそのいわゆる自己はどうも本物の自己ではない。他人が評価した自己であったり、月給の多寡《たか》や地位の高下で評価のできるような自己だと考えているものが多い。

勝ちだ、負けだ、悟りだ、迷いだ、そんなことが何か。
迷わん以前、勝負け以前のものをつかめ、そこに本当の自己がある。

人の言ったことを覚えるより自分が勝手に喋るほうがいい

わたしは覚えるのがきらいじゃ。人のいうたこと一々そのまま暗記する。ばかばかしい、骨が折れるだけじゃ。そんなこと覚えるより、自分の勝手なこと喋っておる方がよい。

人の真似をするな

人間というものは人のまねばかりしておる。
人が嫁入りすると嫁入りせんならんものと思っておる。
人がカカアを持てば持たんならんと思っておる。
とにかく人のまねをしないことが
*出離《しゅつり》を欣求《ごんぐ》することである。
自分の生活をする。 人の生活のまねをせぬ。

* 迷いを離れて生きる

自己の生活のすべてが人のまねでない。
お釈迦さんのまねをしてはならぬ。
達磨はんのまねもしてはならぬ。
道元禅師のまねをしてはならぬ。
まねをしてもはじまらぬ。

第三章

執着を離れる

この小さい凡夫《ぼんぷ》*根性をのぞいたら、天地宇宙どこを見たって、己がというようなものは、一片もありはしない。

* 迷える庶民

人間というやつは自分だけ偉くなろうと思う。自分だけうまい物を食おうと思う。全体のことを一遍も考えない。もし全体のことを考える人があればそれは聖者である。全部のことを考えねばならぬ。自分のことばかり考えておったら、それはつまらぬ男である。

どれだけよいことをしても、自分のためなら何にもならない

どれだけよいことをしても、自分のためなら何でもない話である。どれだけ参禅したって、礼拝したって、お経を読んだって、食わんと死んだって、逆とんぼしたって、そんなことは何でもない話である。

無心ということは、つまり己れを抜きにすることであり、己れを抜きにすれば人生すべてのことで解決しない問題はない。

自分で呼吸しているのではない

自分で呼吸しているのじゃない、呼吸させられているのだから、なんどきこわれるかわけがわからん。自分でわれわれは自分で呼吸しているのじゃない。心臓を動かしているのじゃない。だから無常*を観ずれば吾我《ご が》**の心生ぜずである。

* この世は移ろいゆくことをじっと見つめること
** わがままな自分

根本をひっくり返すことじゃ。ひっくり返して、己れのあることを忘れることである。

透明になることである。
自己が透明にならなければいかん。
こいつをどんな美しい色にでも
染めたらいいかん。

自分に捉われなければ世の中は気楽なものだ

自分というものに捉われなければ、世の中は気楽なものである。自分というものに捉われて世の中を見るから間違いが起きるので、世の中から自分をみせておいたらよろしい。自分というものに捉われてお月さまを眺めるから、悲しく見えたり嬉しく見えたりするのである。お月さまから自分を眺めたら間違いは起こらぬ。

火の用心より自分の用心

「用心」というのは、火の用心とか、盗ッ人の用心とか、いろいろ用心しなければいけないことがあるが、一番むずかしいのは、自分の用心である。

よく考えればこの身体は夢である、本物はないのである。

あるような気がしているだけの話である。

妄想があるから曇って見える

われわれはせっかく光っている鏡を持ちながら、自分の妄想がそこにモヤモヤしているから曇って見えるのである。

仏というても、法*というても、みなこれ妄想である。
そこらのところが少しばかりわかりかけてくれば、
ハハア、おれはこれで零度**以下一万度くらいだった
と気がついてくる。

* 真理
** とるに足らない、という意味

ヤレ神が実在するとか、イヤ実在しないとか、幽霊はあるとかないとか、地獄はあるとかないとかいうておるが、みなこれ心意識の運転である。妄想である。

なんにもいらん。
心空し境寂にして体如如《にょにょ》。*
われもない、かれもない。
なんにもない。全宇宙ガラス張り。

* ありのまま

「これくらい、してやっているのに、なぜ礼をいわんのか」といったら、「これだけ俺にくれておいて、お前はうれしゅうないのか」というて逆ねじを食わされたという話がある。

せっかくやるのなら、無心でやったらよいじゃないか。

必然に対して抵抗しない

無我、無心というたって、別にぼうっとなって、意識がなくなることでもなければなんでもない。必然に対して抵抗しないことで、つまり服従することである。ただ服従するばかりではない。積極的にする自分の仕事も、みなことごとくこの無心でなければならん。

競争にとらわれるな

人間同士の競争なんかなんでもない。へド粕でもない。
そうして、字が上手でも上手ということを知らん。
詩が上手でも、上手ということをしらん。
自分が偉うても偉いことを知らん。

うまいことをやったらいかん。なるたけわれわれは縁の下の力持ちをやることだ。

なるべく損をする。

何の執着もないとき安寧がある

すべきことをして、ならぬことをせず、そうしてそれが何の執着もない。何の汚れもない。そこではじめて安寧《あんねい》がある。

安寧でなければ安楽、すなわち喜び、楽しみ、落ち着きということがない。

悟りを開いたならば開いたという汚れ、人にものをやったらやったという汚れ、もらったらもらったというひがみの汚れ、よいことをすればよいことをしたと思う汚れ、悪いことをしたら悪いことをした汚れ、何どきもわれわれはこの汚れをのがれられない。

浮世のことに騙されるな

われわれは浮世のじゃまが多い。
じゃまもののために騙されておる。
地位とか金とか思想とか、インフレとか戦さとか、
うまいとかまずいとか、出世したとかせぬとか。

漱石の小説に、坊ちゃんが「玄関のある家に入りたい」というのがあるが、わしらはそんなことと思ったことはない。どこにおっても一生居候にきまっておる。

着することなく、　滞ることなく、
随色*の玉のように、
ひょうたんが水に浮いておるように、
自由自在でなければならん。

* あざやかな色の玉

人間のこの世の中がいったい何のためにめまぐるしいかといえば、わが身が可愛いため、我執《がしゅう》のためである。わたしみたいに万年雲水《うんすい》、万年小僧なら何のことはない。

* 自我による執着
** 修業僧

人間は一生鬼ごっこをしている

人間は一生涯鬼ごっこをしておる。いやなものがあって、好きなものがあって、好きなものを追っかけてつかまらずに、いやなものから逃げて逃げおうせずに、やっさもっさやって、とうとう終《しま》いには棺桶に入るまでやまずにしまうのが、流転輪廻である。

だれでも、いくらもらえばそれでたくさんだとはいわない。もっと欲しい欲しいで血眼になっている。ところが、やる方には限りがある、もらう方には限りがない。

安心とは足ることを知ること

安心とは足ることをしる日暮らしである。
あべこべに、
足ることを知らぬ日暮らしが煩悶《はんもん》である。

小欲の人は、どっしりして腰がすわってくる。腹がすわれば、度胸がすわる。勇気がでてくる。欲の深い者に、本当の勇気のあろうはずがない。

欲望という色眼鏡をかけている

青い色眼鏡を嵌《は》めれば、世界中が青く見える。人間の欲望という色眼鏡をかけているから、人間界の何もかもが、欲望の対象としか見えないのだ。

金なんぞ人に持たせておけばよい。わたしはいつもそう思っている。金は人に番させておく、金持ちはわたしの事務員だと心得ている。

黄金が宝じゃというのは人間の一局部の話であって、同じ人間でも、わたしらのところにくれば宝ではない。お釈迦さんは、黄金が毒蛇だというた。

布施といえば、こちらからやることばかり考えちゃいけない。向こうの物を欲しがらないのも布施である。

心を施すのも布施

布施というのは、ふつうには人に物を施すことだと考えている。物のない時はどうする。

いくら布施をしようと思ってもできないじゃないか。

布施は物を施すことばかりじゃない。

心を施すのも立派な布施である。

形あるものでも、形のないものでも、人が見ておろうが、おるまいが、たとえ山の中でも盗みはせぬ。

親の借金を払う

親の遺産を飲んでしまったというよりは、遺産に借金をもらって、それを払って、しかも親より貧乏ができぬと啖呵《たんか》を切っている方がよほどよい。

縁の下の力持ちより本当のことはない。
功利的なことは本当のことではない。
みな嘘ばかり、偽物ばかりである。

食わずに死ぬ覚悟があるか

物をくれとわたしはいったことはないぞ。
くれといわんで生きておろうというのじゃから……。
くれやがるならそれはしかたがないけれども――。
それにはどうしても、最初から食わんと死ぬという
覚悟をしておらんならん。

第四章
人間は大したことはない

人間は大したことはない

人間の一人や二人、へちゃであろうが美人であろうが大したことはない。
何万年も続くものではない。

正味で、裸でつきあう

わたしなどは若い時から、なるべく出世せぬように努力した。わたしは人間がいくら偉いというたとて、しれたものだと思っている。わたしは正味で、裸でつきあうことにしている。

偉くなったのは人間界の屑ばかり

偉くなったのは人間界の屑ばかり。紙数まくった*り、娑婆《しゃば》のことばかりよく知って、人間なめることばかりうまくなった。決して偉くなったのじゃない。幼は十歳以下じゃやげな。

* 礼束を数えたり

われわれ人間というやつは内側に持っておればよいものを、すぐ外側へだしたがる。内側へもどすということが肝腎《かんじん》である。

人間の損得をいうのには嘘が多い

人間の損得から割り出して、人をけしかけて、何何思想とか何だらかんだらいうて、人間の損得を叫んでおる。

これが嘘が多いのだからおかしい。

人間以下になることばかり一生懸命やっている

人間はたいていの場合、堕落することばかり稽古している。

人間は人間以上になれるくせに、人間なみの水平にもなろうとせずに、人間以下になることばかりに一生懸命にやっておる。

人はよう言葉でことをすましてしまう。
言葉だけで一生を終わってしまう。

理屈では駄目だ

いまの人はみんな理屈を先に考えるが、理屈では駄目である。

弓を引くのにいくらていねいに図解しても、一度も弓を持たないことには、その構えはわかりようはない。

なめなければ砂糖の味はわからない

砂糖はどんなものかいってみようといわれても、砂糖はこんなこんなものだということはできない。なめてみるより仕方ない。なめなければ砂糖の味はわからない。

いったい人間は理智というものに重きをおき過ぎる。火が熱いのを知るということが非常に大事と思うている。

しかし、知ったところで何でもない話である。火のはたらきをよくのみ込むことが大事である。

人間の一生はなんにでもなれる

人間の一生というものは、ちょっとのネジ加減で、
あっちへネジるかこっちへネジるかで、なんにでも
なれる。
迷いも悟りもその通りである。
ゆえに、永遠をおとしいれるのもこの刹那であるし、
生涯を救うのもこの刹那である。

人間は露と同じ

一茶の句に、「人間は露と同じよ合点か」というのがあるが、まったく人間は本物ではない。露と同じである。その本物ではない奴に迷ってしまう。そして一生取り返しのつかぬことになってしまう。

それだから、ここに悟りを開いて、これこそは、という所を突きとめなければ、人間に生まれた甲斐がない。

人間というやつはけったいなやつで——。
めでたい、めでたい。なにがめでたいのか。
悲しい、悲しい。なにが悲しいのか。
悲しくないことを悲しみ、喜ぶべきことを喜ばず、
嬉しくないことを嬉しがる。

人間の世界は夢みたいなもの

わたしは人間などというものは何のことはない、生物学的に大局を見たら、一つのカビ的存在に過ぎない。

お互いにえらそうな顔をして、高等官だとか、金持ちだとか、勝手に段階をつけているが、多寡《たか》のことで吹けば飛ぶようなカビなのである。一夜作りの茸である。

もっといえば、これは夢の世界でおるので、真実は何もないのである。

われわれの持っている概念というものは、つまり夢の境地である。

文明が発達しても人間の本質は変わらない

いったい文明、文明というが、人間の本質はちょっとも発達しておらん。その証拠に釈迦のような人が二度とでない。道元禅師のような方がでない。達磨のような人がでない。だんだん調べてみたら、わしのような者ばかりである。

われわれのせんならん仕事は、動物並みの人間をこっちへこいといって、ウンと鼻面のひとつを向け直し、われとかれとともに永遠に死なない人間にすることである。

だいたい人間というものはおかしなもので、金持ちは貧乏人を見下げてみたり、頭がよいからといって偉そうな顔をしてみたりする。頭ぐらいなんだ。そんなもの死んだらなんにもない。生まれてこなかったら何もない。ちょっとだけこの世に現れただけである。

この世界を、
死んで眺めるということが大切である。
棺桶の中から見物したら、　この世界は面白い。

貧乏すなわち金持ち、悪人すなわち善人

貧乏即《そく》金持ち、極小は極大に同じ、極大は極小に同じ、是はすなわち是れ非、非はすなわち是れ是、天すなわち是れ地、地すなわち是れ天、悪人すなわち是れ善人、善人すなわち悪人、実に微妙なところである。

このベタ一面のところから、この世界をズボッと見直してみる。

貧乏人ばかりの世界で、金持ちがなかったら貧乏人はない。美人がなかったらヘチャがなかったら美人がない。ヘチャは美人の引立役、美人はヘチャの反対役。好きなものがなければ嫌いはない、嫌いがなければ好きがない。

教育も政治もつくり物

学校の教育もつくり物ばかり教わっておる。
何もかもつくり物。政治もつくり物ばかり。
あるときは産児制限してはならん。
あるときには産児制限せんならん。
昨日罰せられた者が今日は褒美をもらう。

世の中は芝居の舞台

世の中のことはだいたい芝居の舞台と思ったらよい。

世の中の舞台では、若い人達はどんな恋愛でも、みなあれは本気になってうそに惚れておるわけだから、両方がわたしの年ぐらいになってみると、歯抜けのしわくちゃ同士で互いに愛想がつきる。

舞台のままで、殿様の風をして楽屋に来てまで威張っていたらしまつがわるい。

世界は自分を映す鏡

世界は妙なもので、向こうがやさしゅうしておれば、こちらもやさしゅうなってておる。向こうがすねていればこっちもすねる。にらみつければにらんで返す、ホンにお前は鏡の影というわけである。

憎らしい顔を見たら自分が憎らしい顔をしていると思え

人の顔を見て、憎らしい顔をしよるなと思うことがあるが、よく考えてみると、その憎らしい顔に見える前に、自分の感じの方が先に憎らしい顔になっているのである。「あん畜生、馬鹿にしやがる」とこちらでこう思っているから、向こうでも、こっちを憎んでいるのである。こちらの感じはよう向こうに反射するものである。

こっちが悪いことをすれば向こうも悪いことをする

こっちが悪いことをすれば
向こうも悪いことをする。
高い物を売ったら高う売られんならんし、
こっちがご馳走せぬなら向こうが昼寝しよる。

第五章

小さなことにくよくよするな

人が見ていないところで善人なのが本当の善人

あなた方が見ているところで
善人ならば大したものではない。
あなた方が見てないところで善人が
本当の善人である。

だれも見ていないところで立派な態度をとれ

便所の中はよいところだ。
だれも見ていないところで立派な態度をとる
ことをわたしは宗教生活というのである。

われらはとにかく大いなる使命をになっているのである。地上の人類を背負って立っているのであるという意気込みがなければならん。

負けたら、心地よく負けたらいいじゃないか。それを気持ち悪く負けてうらんで、畜生ッと喧嘩腰になって、癇を立ててやっている。馬鹿馬鹿しいことだ。

迷いというものは体と心とはなればなれになっていることである。

魂と胴体がべつべつになっていることである。

人間のすることのうちで、いま首を切られてもうらみのないという、一番大事なものを一つ摑まなければならぬ。それが一生の大事である。

いかなる場合もうろたえるな

ほめてもそしっても、幸福にあっても、災難にあっても、物をもらう時でもやる時でも、いかなる場合でも、少しもしどろもどろにならない、うろたえないことである。

人事を尽くせ

自分で、ばたばたしないことである。しかし努力しないことじゃない。人事を尽くして天命を待つというが、それこそ人事を尽くせるだけは尽くさなければならん。そうしなければご近所に対して相すまん。

追っかけもしなければ逃げもしない

われわれでも何かの調子で足が痛かったり、手が痛んだりしても「裏とみせ表と見せて散る紅葉」で、たとえ苦しんでいてもよいことを望むでもなく、苦しまんとするのでもなく、追っかけもせぬ、逃げもせぬ。この追っかけもしなければ逃げもしないというところに、本当の落ち着きがなければならぬのである。

単調なら馬鹿の言うことだし、複雑なら神経衰弱のいうことだし、馬鹿にならず神経衰弱にならず、この二つが統一して、しかも生活の中にどっしりと入っていて、それを実現すればものとなり、自由自在のはたらきをする。

肝を据えるのと面の皮が厚いのとは違う

肝を据えるということは、心臓を強くして面の皮を厚くして知らぬ顔をして、借金取りの前ですましていられるということではない。

禅もなく仏もなく、悟りもなく嫌いもなく、追っかけられることもなく、逃げられることもない、どっしりしたものを握ったという人が肝の据わった人である。

災難がきたら、ここが鍛錬のしどころである。男一匹こういう時に鍛錬しなければならんという気持ちになる。

ぐずぐずいうな

わたしはいつもぐずぐずいうなというが、
ぐずぐずいわず、
ぐずぐず思うなといったのが無心である。

チョコチョコしている奴を、よく「あいつは二十日鼠みたいな奴じゃ」というが、ああいうオッチョコのことを大丈夫とはいわない。大丈夫は非オッチョコでなければならん。

まっとうに、後ろ暗いことのない人

金持ちなり貧乏なり、男なり女なり、学者なり無学者なり、だれでも己れをまっとうに、どこにも後暗いことのない、智慧の利剣がピカピカ光って、*無明《むみょう》の薄暗いものをザクザク切り離してしまう。こういう人はどうどうなるものである。

* 煩悩の根源

わたしを責める者がなければ堕落してしまう

わたしのことを中傷したり、責めようとしたり、虐めようとしたりする者も、いつでも多少あるが、その、あるということが、また非常に結構なものである。もしなんにもないならば堕落してしまう。

褒められるよりはそしられたい

わたしを讃美し、
わたしを褒めるものよりは、
そしる者の方がよい。

おれはつまらない者だとか、おれのような馬鹿者はないとか、おれは頭が悪いのでつまらないというが、頭が悪ければ足を丈夫にすればよいじゃないか。

自分を誇ったところでたいしたことはない

自分にちょっと良いことがあると、すぐに外側に向けて見せたがる。

だれかはやくきてくれないかナーと、人に知らせとうてたまらん。ところが、人間が知ったところでたかのしれたものである。

世の中というものはおかしなもので、おれのように良いことをしている者はあるまいといっている者に良い者はない。わしのように悪い者はないという者に決して悪い者はいない。

そうすると妄想におることが分かったということは、これを妄想しておらぬ証拠である。

物事は見方ひとつ

悪いことをするときは親父が苦虫に見え、
頼りにするときにはおらんと淋しい。
たった一人の親父も見方ひとつである。

何が起こってもビクともしない心を持て

腹を切れといわれても、
取止めだッといわれても、
顔色ひとつ変えぬ、何が起こっても、
ビクともせぬこの心の構え、これである。

技で勝つより人格で負けるな

剣術でも柔術でも腹を立てたら負けている。
技でかりに得たにしても、人格で負けている。
人格で負けたら問題にはならない。
人格がゼロで技や力で勝つのが嬉しいなら、
獅子や狼になるのがよかろう。

第六章

自分の考えにとらわれない

善悪の判断が変わっても何も不思議はない

善悪正邪ということでも、その瞬間瞬間変化があって、あのとき善と思ったことが、今度は悪と思えることがあっても、何の不思議はない。

知というても、不知というても、善というても、悪というても、何といっても、もとはいつも何でもないべた一面である。

そしてあるときは善となり、あるいは悪となっても、本来文句がないのだからちっともさしつかえはない。

負けても完全、勝っても完全

どちらにどう動いてもその瞬間の完全がある。
その一挙手一投足、虚虚実実、負けても完全、
勝っても完全。

不完全にして初めて価値がある。
完全な場合に不完全だぞよ。

考えでできたものは考えで壊れる

われわれの考えでできたものは、また考えで壊れる。思想というものがどれだけ立派な思想でも、考えで作った思想なら考えで壊れるのである。すべてこしらえたものは壊れるのである。ところでわれわれの狙いどころは、決して壊れないという無《む》*生《しょう》の生命にあるのである。

* 生滅などの変化のない絶対的ないのち

地獄へ行ったら行ったでよい

地獄へいったら地獄へいったでよいではないか。地獄は気楽でよいところだ。ところが地獄へいったら怖い、それだから極楽へゆきたいという。だれがそんなことを考えるかといえば、だれでもないお前が考えるのである。お前のような考えは、どうせろくな考えではないにきまっている。バサッとゆきあたったら、それから先はどうにもならない。これが人間というものである。

雀はチュウチュウ、烏はカアカア、トンビはピーヒョロ、鳩はポッポッ、柳は緑花は紅。それは見た通り、聞いた通り、ある通り、その動いておる通り、つねに新しい通り。

雨が降るのにいいも悪いもない

とにかく暑うても寒うても、暑いから暑い。寒いから寒い。

雨が降るから降る。降らんから降らん。降るからええとか、悪いとかいう問題じゃない。人間が勝手なことというて——、罰が当たる。

今日はお天気でよいの、今日は雨が降って困るというが、それはお前だけの話である。

金のある者も、ない者も、暑いときは暑い、
寒いときは寒い。

われわれはいつでも見込を立てている。その見込をもった生活では、文句が絶えないのが当たり前である。

たいがいの問題は三十年も辛抱しておれば解決してしまう。

大騒ぎするな

何の関係もないことをいかにも重大事であるかのように、本気で夢中になって大騒ぎをしている。

過去、現在、未来、何もない。人間一生をフィルムに撮って、それをコマだけ見たらおかしなものである。ところが人間はこの一コマだけしか見ないで、泣いたり笑ったりする。

過去、現在、未来、めでたいことばかり

オギャーと生まれてから過去、現在、未来、永劫にめでたい。

まあ、わたしには嫁さんがないから子はできぬだろうが、これで悲しいこともないし、不幸なこともなし、もうめでたいことばかりで一生を終るんじゃろうと思う。

幸福は自分の幸福や不幸で測れるものではない

人間の考える幸福などというものは、あに雪隠虫《せっちん》の幸福ならんやである。

幸福というようなことを、そう単純に自分の幸福や不幸で考えるのは間違っている。

幸福といっても世間の幸福というものは幸福に似ているだけで、ほんとうに幸福ではない。ちょっと幸福という気がしているだけの話である。

世の中にはよいから悪いという道理はいくらでもある。
幸福だから不幸という道理もあれば、不幸だから幸福であるという道理もある。

昨日は幸福だと思ってつかんだが、今日は不幸でもあるし、昨日は不幸だと思って泣いたけれども、今日は幸福であるし、人間万事塞《にんげんばんじさい》翁《おう》が馬《うま》である。*

＊ 人間の幸不幸は予想できない

追わず、逃げず、じっとしているのが幸福

結局好きな物を追っかけるか、嫌いな物から逃げるのか二筋道だが、ソコにジーッとしているのが実はいちばんの幸福である。

心機一転、負け戦から勝ち戦になるほど、人間の生活が根本から変わらなければ幸いとはいえない。

第七章

死ぬのは当たり前

心臓に油をさした者もなく、ねじを巻いた者もありはせん。

天然自然に生きておる。宇宙の原則と続いておる。

それを自分だけ気ままするのは無責任なわけで、死なんならんときは死にとうもないのはどうかと思うけれど、生きられるだけ生きんならん。

人の邪魔にならないよう生きていればいい

わたしに何しに生まれて来たかというたって、何だかわからん。
だから互いに人の邪魔にならんように生きておったらよいのだ。

生まれて来て何をしたか

あなたは生まれて来て何をしたかと、死んでいく人間に聞いたらおもしろいだろうと思う。「何にもしなかった、生まれて来たものじゃからしょうがない、餌を食って生きていただけさ」というであろう。

われわれは生まれたくせに死ぬまいとする、
生まれた気づかいがなかったら死ぬ気づかい
はない。

われわれには死がある。
死があるからまた生まれて働けるのだ。
楠木正成も死んで生きている。
大石良雄も死んで生きている。
吉田松陰も死んで生きている。

死ぬのは当たり前。大したことはない

われわれは死なされるのだから、宇宙の原則によって、影の薄い泡が先につぶれるようなもので、あたり前だから、なにも大したことはない。

雨は天からただで降る、ただ日が照る。太陽は燭光代をとりに来やせん。いったい死ぬときは総決算、ただなのじゃから、何も大したことない。

死ぬということは誠に喜ばねばならぬ。煩悩の起こる原動力がなくなった。べっぴんさんを見れば、煩悩を起こす、餌を見れば、煩悩を起こす。それはなにかといえば、人はこの身体が根本である。これがなくなったら、「ハハー、わしの身体も一生患いがなくなった」とホッとするだろう。

死ぬときが来ているのに死ぬまいとするほどみじめな話はない

災難に遭うて、ああどうしよう、こうしようと災難から逃げるのに、やっさもっさ人間はやる。死ぬときがきておるのに死ぬまいとばたばたする。これくらいみじめな話はない。

死ぬときは坐禅して死なんならんと思う。
そんな馬鹿な。
死ぬときには世間体もくそもあるかい。
死ぬときには糞ちびったならちびって
死んだらよい。

死ぬのまでうまくやろうとするな

死にかけておるのに、まだ臨終にうまいこと死のうと思っておる。なるべく下手に人生を終わったらよい。上手に、つくりものみたいな顔して死なないでもよい。死ぬのまでもたくみに死のうと思っているやつがおる。

そんなものはみなこしらえものである。

富士山が高いというが、ヒマラヤ山から見れば低くて話しにならぬ。太平洋は大きいというが、これも地球の上のホンの一部である。

宇宙から見れば、そこらの泉水を足でかきまわすようなものである。

元来宇宙とぶっ続きの自分を、自分だけ抜け出したものと思っているのが妄想である。
自分は天地と同根、万物と一体である。

わたしの言葉では、スイッチをつけるというが、仏とスイッチをつけ、山川草木とスイッチをつけ、全宇宙とスイッチをつけ、この全宇宙とちっとも隔たない。

自分を宇宙から切り離すな

われわれの堕落ということは宇宙から己を切り離してしまったことである。自分が宇宙からボコッと外にはみ出してしまった場合に、われわれは堕落しているのである。

宇宙は二度と繰り返さない

この宇宙は二度と繰り返さない。
この天体も年が寄る。
お月さんも、太陽も、火星も、金星も、天の河も、毎日年寄る。年寄る
以上は諸行無常のうちである。
そうして、グルグル動いておる。
もう一遍あと戻りということはない。約束通りグルグル向こう向いて行く。

毎日初対面

万物はつねに進んで行く。
一時も立ち止まらない。
毎日お暇乞いである。
毎日初対面である。

時時刻刻、年年歳歳、どの月もどの月も、
どの日もどの日も、この元旦を迎える。
いつもめでたい。
それがめでたいのである。

眼は眼の世界いっぱいの仕事、
耳は耳の世界いっぱいの仕事である。
香《にお》いの世界いっぱい、皮膚の世界いっぱい、
舌の世界いっぱい、意識の世界いっぱい、
一切の世界がここに打ち立てられなければならん。

第八章

悟ろうとするな、ただ坐れ

何のためでもなく、ただ坐れ

足を組み、手を束ね、
背骨をのばしずうっとまっすぐに坐る。
これはいったい何になるものか。
何にもならない。
悟るためか、心臓を強くするためでもない。
ただ坐る。

坐禅をするとつまらないことも思い出す

つまらぬことまでも、
思い出されてしまおうがないのが坐禅である。

頭の中を大忙しにしているのは、
坐禅に内職を持ち込んだと同じことである。

禅は「わかる」ものではなく「する」ものだ

よく「禅がわかるにはどんな本を読んだらよろしいか」とたずねられるが、わたしは寝転んだまま、「わたしは忙しい、日参して坐れ」といってやる。読んでわかる程度なら、一種の煩悩を見いだすにすぎない。禅というものは「する」ものである。

禅は自分だけのもの

人に見せない勉強でなければならない。禅はそれである。一生懸命にわたしが叫び歩いているのは、そういう禅をいうのである。それがわたしのひろめる宗教である。人に見せぬものである。自分のためである。自分きりのものである。人には絶対見せられないものである。

坐禅をしている間は身体中が坐禅

よく「こんなわたしでも仏性《ぶっしょう》がありますか」という者がおる。わたしは「このなまくら野郎、なにをぬかしておるか」といってやる。仏性のまっただ中にいるのじゃないか、妄想もなにも叩き出してしまえば、坐禅のまっただ中になる。仏性があるかないかではない。坐禅をしている間は身体中が坐禅なのだ。

＊人間の本来持っているまっさらな心

人生の修行に取りかかるのに悪い日などはない

成仏するのに差し支えある時などというものはない。成仏するのはいつでもよい。人生の修行に取りかかるのに、今日は良い日、今日は悪い日などはない。だから「*日日是好日《にちにちこれこうじつ》」である。猫の日だろうが、象の日だろうが、悪いという日はない。

* 毎日が一番素晴らしい

久遠《くおん》にめでたい、絶対にめでたい、
それが悟りというものである。

悟ったという名をつけて迷っている奴もある。
わたしはそれが大嫌いである。
悟った、悟ったということも悟ったのは自分だけで実は中味が迷っている。

おれは悟った――これはどうも鼻持ちがならぬ。
悟ったことも知らず、迷った覚えもない。
昔迷ったことも、いま悟ったこともない。

悟りは知識ではない

われわれはあまりよう知りすぎておる。

悟った坊さんはたいがい迷うておる。

そうすると、その悟りというものは、ひとつの芸当に過ぎない。一つの概念的のなんかに過ぎない。

悟っていることを知っているのは悟っていないことだ

悟っておって、悟っておるということをしらんなら、いよいよさとっておるのであるが、悟っておって、悟っておるということを知っておるなら、それは悟っておらんということを裏づけたようなものだ。

頭で悟って足がお留守

頭で悟っておっても、足がお留守になっているのもある。利口なことをいう倫理の先生でも、足だけは倫理にかのうておぬのがあったり、口で喋ることはえらいりっぱだが、茶を飲ますと、飯食わすと妙に行儀の悪いことしたり、いろいろなのがある。

自分で考えれば間違えることはきまっておる。
仏さまの教えのまま、正師のおしえのまま。

そこに宗教がなければならん

人が見ていようと見ていまいが、神様が見てござろうがござるまいが、自分一人褌《ふんどし》をしめるところにもそこにしっかりとした宗教がなければならん。

自分一人御飯を食べているところにもそこに宗教がなければならん。

わたしは坐禅をしに生まれてきたんだ。
金もいらん、ドイツ語もいらん、英語もいらん、か
かあもいらん、酒もいらん、タバコもいらん、坐禅
一つだけよりさばけ口がないのである。

金も命もいらぬ

わたしなどは、食わないで死んでも金だけは欲しがらぬ。外の物ならとにかく……。

わたしは食わないで死ぬつもりで頑張ったものである。

金どころではない。命もいらぬつもりで頑張った。

いつでも命がけとこうきめて頑張る。

わたしは命がけということが子供のときから上手で、命がけでは負けたことがない。

おれの欲しがるものだけを欲しがる

わたしは人が欲しかろうが欲しがるまいが、
おれの欲しがるものだけを欲しがる。
こういうように工夫してきた。
またそうすることが本当だと思う。

お前はよく独りでおられるナーといわれる。だからわたしは、独身で辛抱するのも、一人の女房で辛抱するのも、辛抱は同じよといってやるんだ。

不自由でもあり不自由でもない

一生寺を持たぬつもりで、
一生ルンペンで過ごしておる。
不自由は不自由だけれども、
何やら不自由でないといえば、不自由でないし。

わたしは怒ることは滅多にない。またさほど腹も立たぬが、これが道のためと目星がつくと怒る。どんなことでもやる。その反対に、わたしはそれをやってくれる者があれば実に愉快に思う。

たとえ金がのうても、君等の知ったことではない。おれの足は金輪際地に着いている。おれの生活はどっしりしている。おれの肚《はら》はすわっていると確信をもっていえる。

出典

澤木興道全集 第1巻―証道歌を語る
澤木興道全集 第2巻―禅談・普勧坐禅儀抄話
澤木興道全集 第3巻―学道用心集講話・永平家訓抄話
澤木興道全集 第4巻―大智禅師偈頌講話・大智禅師法語提唱
（大法輪閣刊）

禅に学ぶ　人生の知恵
澤木興道名言集

発行日　2018年　7月15日　第1刷

Book Designer　加藤賢策（ラボラトリーズ）

Publication　株式会社ディスカヴァー・トゥエンティワン
〒102-0093　東京都千代田区平河町2-16-1 平河町森タワー11F
TEL 03-3237-8321（代表）　FAX 03-3237-8323　http://www.d21.co.jp

Publisher　干場弓子

Editor　藤田浩芳（編集協力　二階堂武尊）

Marketing Group
Staff　小田孝文　井筒浩　千葉潤子
飯田智樹　佐藤昌幸　谷口奈緒美
古矢薫　蛯原昇　安永智洋　鍋田匠伴
榊原僚　佐竹祐哉　廣内悠理　梅本翔太
田中姫菜　橋本莉奈　川島理
庄司知世　谷中卓　小木曽礼丈
越野志絵良　佐々木玲奈　高橋雛乃

Productive Group
Staff　千葉正幸　原典宏　林秀樹
三谷祐一　大山聡子　大竹朝子
堀部直人　林拓馬　塔下太朗
松石悠　木下智尋　渡辺基志

E-Business Group
Staff　松原史与志　中澤泰宏
西川なつか　伊東佑真　牧野類　倉田華

Global & Public Relations Group
Staff　郭迪　田中亜紀　杉田彰子
奥田千晶　李瑋玲　連苑如

Operations & Accounting Group
Staff　山中麻吏　小関勝則
小田木もも　池田望　福永友紀

Assistant Staff
俵敬子　町田加奈子　丸山香織
小林里美　井澤徳子　藤井多穂子
藤井かおり　葛目美枝子　伊藤香
常徳すみ　鈴木洋子　石橋佐知子
伊藤由美　畑野衣見　井上竜之介
斎藤悠人　平井聡一郎　曽我部立樹

DTP　有限会社マーリンクレイン
Printing　中央精版印刷株式会社

ISBN978-4-7993-2320-5